Photographing Traces of Memory:

A Contemporary View of the Jewish Past in Polish Galicia

Podążając śladami pamięci

Współczesne spojrzenie na żydowską przeszłość Galicji

Published by the Galicia Jewish Museum
ul. Dajwor 18, 31-052 Kraków
www.galiciajewishmuseum.org
Poland
Published 2005

Photographs, Captions and Preface © Chris Schwarz, 2005
Introductory texts © Jonathan Webber, 2005
Designed by Zuza Łazarewicz
Edited by Tomasz Strug
Proof reading: Izabela Luzar
Printing Coordination: Andrzej Dzirba
Printed by Małopolska Poligrafia in Kraków, Poland

ISBN 83-920636-5-1

To Joanne

Photographing Traces of Memory:

A Contemporary View of the Jewish Past in Polish Galicia

Podążając śladami pamięci

Współczesne spojrzenie na żydowską przeszłość Galicji

Best wishes to you

Chris Schwarz

Photographs and Captions by Chris Schwarz

With introductory texts by Jonathan Webber

Published by the Galicia Jewish Museum

The Galicia Jewish Museum exists to honour those killed in the Holocaust and to celebrate the Jewish culture of Galicia

Muzeum Galicja powstało, by oddać hołd ofiarom Holokaustu oraz kultywować żydowskie dziedzictwo Galicji

We gratefully acknowledge the support of two sponsors for this publication:

In honour of GANN Academy (The New Jewish High School of Greater Boston).

The Rait family is very pleased to support the aims and continued endeavours of the Galicia Jewish Museum and, in particular, the Traces of Memory exhibition. We proudly stand behind the Museum's efforts to encourage, deepen, and extend historical understanding, as well as religious and cultural tolerance, in Poland. We are Joseph and Barbara Rait; Douglas Rait, Karlana Carpen, and Zachary Rait; Eric Rait, Tamar Nissim, and Inbal and Yaniv Rait; Kenneth, Mary, Maya, and Karlee Rait; and Peter, Cecilia, Jacob, Max, and Emma Rait.

We also wish to acknowledge and preserve the memory of Peretz Opoczynski, who perished in 1942.

Pragniemy wyrazić wdzięczność i uznanie dla sponsorów tego katalogu: GANN Academy oraz rodziny Rait.

GANN Academy (The New Jewish High School of Greater Boston)

Rodzina Rait ma ogromną przyjemność wspierać cele i wysiłki Muzeum Galicja, a w szczególności wystawę Śladami pamięci. Jesteśmy dumni pomagając muzeum propagować i pogłębiać w Polsce historyczne zrozumienie oraz kulturową tolerancję. Joseph i Barbara Rait; Douglas Rait, Karlana Carpen oraz Zachary Rait; Eric Rait, Tamar Nissim i Inbal oraz Yaniv Rait; Kenneth, Mary, Maya, oraz Karlee Rait; a także Peter, Cecilia, Jacob, Max i Emma Rait.

Pragniemy również uczcić i zachować pamięć Peretza Opoczyńskiego, który zginął w 1942 r.

Contents
Spis treści

In memory of my Father and Grandmother:

Herbert Schwarz : Born March 2nd 1921 Lvow – died January 12th 1999 Quebec City

Regina Pohoryles Schwarz: Born March 3rd 1897 Husiatyn, Poland – died July 27th 1998 NY NY

Preface
Przedmowa

Chris Schwarz

I arrived in Kraków on the 28th February 2004, my car loaded with computers and a giant Epson photographic printer – to confront a biting Polish winter, a large empty though renovated former furniture factory, some borrowed money and a dream to open a Jewish Museum. I had little Polish, no staff and no infrastructure. Seven weeks later the Museum opened.

It was eighteen months since I had first thought of setting up the Galicia Jewish Museum, but nearly twelve years since I had first come to Kraków and the Jewish quarter of Kazimierz. When I first saw it in 1992, Kazimierz was rough, run down and considered dangerous. However, there has always been a special atmosphere in Kazimierz – one can feel its former Jewish identity – and this intrigued me. I was told that in some of the small towns and villages out in the countryside there were still some abandoned, ruined synagogues, which I felt compelled to document.

My determination to photograph the remains of Jewish culture in Poland led to a meeting with the British scholar, Prof. Jonathan Webber. This developed into a partnership that combined Jonathan's academic rigour with my more intuitive creativity. Jonathan had already spent a lot of time out in the countryside and had collected a lot of material, which he gladly shared with me. I took the photographs

Do Krakowa przyjechałem 28-go lutego 2004 roku, samochodem wypakowanym po brzegi sprzętem komputerowym, z gigantyczną drukarką fotograficzną marki Epson, by zmierzyć się z ostrą polską zimą i ogromnym, odnowionym budynkiem dawnej fabryki mebli. W kieszeni miałem trochę pożyczonych pieniędzy, a w głowie marzenie, żeby otworzyć żydowskie muzeum. Prawie nie mówiłem po polsku, nie miałem nikogo do pomocy i żadnego zaplecza. Siedem tygodni później muzeum zostało otwarte.

Od momentu, gdy zacząłem myśleć o założeniu muzeum upłynęło osiemnaście miesięcy, ale od mojej pierwszej wizyty w Krakowie i jego żydowskiej dzielnicy upłynęło już prawie dwanaście lat. Kiedy w 1992 roku po raz pierwszy zobaczyłem Kazimierz, był surowy, zniszczony i uważano, że jest niebezpieczny. Zawsze jednak panowała tutaj szczególna atmosfera – czuło się dawną żydowską tożsamość, i właśnie to mnie zaintrygowało. Dowiedziałem się, że w miasteczkach i wioskach Galicji wciąż można znaleźć opuszczone i zrujnowane synagogi – uważałem, że muszę je udokumentować.

Moje postanowienie fotografowania pozostałości żydowskiej kultury w Polsce doprowadziło do spotkania z brytyjskim naukowcem, profesorem Jonathanem Webberem. Rozpoczęła się współpraca będąca połączeniem uniwer-

and pictures for our joint project that is now called *Traces of Memory* while Jonathan undertook the arduous task of checking and rechecking the accuracy of his research. It was not easy authenticating written and verbal reminiscences in a complex world of confused and half-forgotten memories. Where records are often inaccurate and at times contradictory.

The book, *Traces of Memory*, will be published in Autumn 2006. In the meantime I wanted people to see the photographs, and Kraków to have a museum in which to house them.

In opening the Galicia Jewish Museum I first wanted people to see the exhibition showing the physical remains of Jewish civilization in the Polish landscape. I wanted people to reflect on the great Jewish culture that thrived here in Poland for 800 years before it was so brutally destroyed. *Traces of Memory* is a lament and a tribute to the largest and most vibrant Jewish civilization that Europe has ever had. It is important for us to pay our respects at the death camps of Auschwitz, Bełżec and elsewhere in this land, and remember the sites within fields, forests and cemeteries where the madness of the Holocaust raged and millions were murdered.

I want to give credit to those Poles who have not for-

syteckiej dyscypliny Jonathana z moją bardziej intuicyjną twórczością. Jonathan już wcześniej podróżował po Polsce i zebrał mnóstwo materiałów, którymi chętnie się ze mną podzielił. W ramach naszego wspólnego projektu, znanego obecnie pod tytułem *Śladami pamięci*, ja byłem odpowiedzialny za robienie zdjęć, Jonathan natomiast podjął się żmudnego zadania potwierdzania swoich wcześniejszych badań. Sprawdzanie wiarygodności pisemnych i ustnych świadectw, gdy informacje są często niedokładne lub wręcz sprzeczne, nie było łatwe do wykonania.

Efekt naszej współpracy, książka *Śladami pamięci* ukaże się jesienią 2006 roku. Chciałem, aby w międzyczasie powstało w Krakowie miejsce, w którym mógłbym pokazać moje fotografie.

Muzeum Galicja otworzyłem z zamiarem prezentacji wystawy ukazującej materialne pozostałości stworzonej przez Żydów cywilizacji na tle polskiego krajobrazu. Chciałem, by dostrzeżono wspaniałą kulturę żydowską, która rozkwitała na terenie Polski przez ponad 800 lat, zanim w krótkim czasie została brutalnie zniszczona. Wystawa *Śladami pamięci* jest zarazem żałobną pieśnią i hołdem złożonym największej i najbardziej tętniącej życiem społeczności żydowskiej w Europie. Ważne jest, byśmy oddali cześć pomordowanym w obozach takich jak Auschwitz czy Bełżec, pamię-

gotten their former Jewish neighbours and have made so many efforts to erect memorials to the Jewish past that has otherwise vanished from their locality.

This Museum is designed to give the citizens of Poland an opportunity to encounter Jewish heritage through the exhibition, and offer international visitors to Kraków a visual interpretation of what remains here today. The Museum is a dynamic, vital institution that keeps the Jewish memory of Polish Galicia alive through lectures, films, discussions, dialogue and Jewish cultural events. We are looking forward while remembering the past.

The Galicia Jewish Museum is a tribute to the Jews of Galicia, but just to remember is not enough. We have to do something with that memory. I hope that this modest contribution is part of that process.

Chris Schwarz
Founder and Director
Galicia Jewish Museum

tając jednocześnie o grobach znajdujących się wśród pól, lasów i na cmentarzach – świadectwach szaleństwa Holokaustu i miejscach śmierci milionów Żydów.

Chciałbym wyrazić uznanie wobec tych wszystkich Polaków, którzy nie zapomnieli o swych dawnych sąsiadach i dokonali wielkiego wysiłku wzniesienia pomników upamiętniających żydowską przeszłość, która w przeciwnym wypadku zostałaby w wielu miejscach zupełnie zapomniana.

Muzeum zostało stworzone, by Polakom i zagranicznym turystom odwiedzającym Kraków umożliwić spotkanie z żydowskim dziedzictwem. Jest dynamiczną instytucją, ożywiającą pamięć o przeszłości Galicji poprzez wykłady, projekcje filmowe, seminaria i celebrowanie żydowskich świąt. Instytucją patrzącą w przyszłość, lecz nie zapominającą o przeszłości.

Muzeum Galicja jest hołdem złożonym galicyjskim Żydom. Sama pamięć o nich to jednak za mało, musimy z tej pamięci wyciągnąć wnioski. Mam nadzieję, że skromny wkład muzeum jest częścią szerszego procesu.

Chris Schwarz
Założyciel i Dyrektor
Muzeum Galicja

Map of Galicia within present day Polish borders
Tereny dawnej Galicji w obrębie obecnych granic Polski

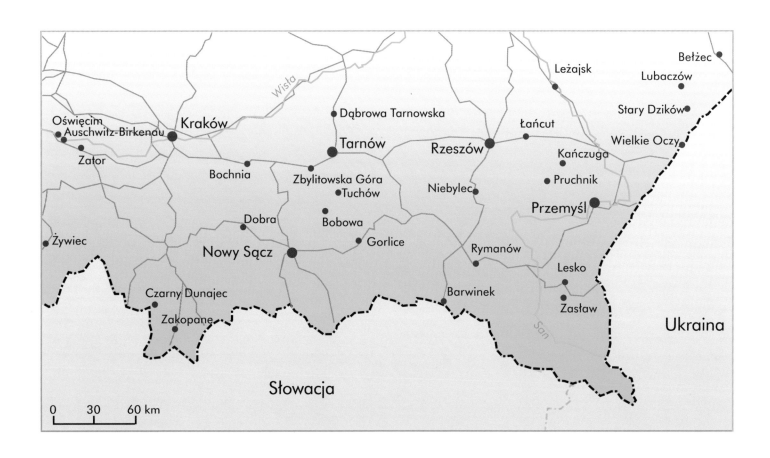

Bełżec

Leżajsk

Lubaczów

Stary Dzików

Oświęcim
Auschwitz-Birkenau

Kraków

Dąbrowa Tarnowska

Łańcut

Wielkie Oczy

Zator

Tarnów

Rzeszów

Kańczuga

Bochnia

Zbylitowska Góra
Tuchów

Niebylec

Pruchnik

Żywiec

Dobra

Bobowa

Przemyśl

Nowy Sącz

Gorlice

Rymanów

Czarny Dunajec

Barwinek

Lesko

Zakopane

Zasław

Ukraina

Wisła

San

Słowacja

0   30   60 km

Introduction

Wstęp

Jonathan Webber

Jewish civilization developed in Poland over a period of more than 800 years until it was brutally destroyed during the Holocaust. The Jewish past in Poland has become over-shadowed by images of Auschwitz and the atrocities committed there. But if we are fully to understand the Jewish past here we need to place another set of images alongside these: the traces of memory that are to be found in the towns and villages where Jewish life once flourished.

This is not a historical exhibition in the conventional sense. We are not showing old pre–war photographs; on the contrary, what we are showing are contemporary photographs–with the intention of showing what can be seen today about the past. To put this exhibition together required a creative collaboration over a number of years between the British photographer Chris Schwarz and the British scholar Jonathan Webber. Working village by village and town by town, the material that we have assembled offers a completely new way of looking at the Jewish past in Poland that was left in ruins. The idea has been to try to piece together a picture of the relics of Jewish life and culture in Galicia that can still be seen today, and to describe and interpret these traces in a manner that will be informative, accessible, and thought-provoking.

We hope you will agree that the photographs are stun-

Kultura żydowska rozwijała się w Polsce ponad 800 lat, zanim została brutalnie zniszczona przez Holokaust. Sceny z Auschwitz i okrucieństwo popełnionych tam zbrodni przysłoniły obraz historii Żydów w Polsce. Jeżeli chcemy w pełni zrozumieć żydowską przeszłość tego kraju, musimy obok tych obrazów umieścić inne: ślady pamięci odkrywane w miastach i wioskach, gdzie niegdyś kwitło żydowskie życie.

Prezentowana w Muzeum Galicja wystawa nie jest wystawą historyczną w tradycyjnym znaczeniu tego słowa. Nie pokazujemy starych, przedwojennych fotografii – wprost przeciwnie – przedstawiamy współczesne zdjęcia z zamiarem ukazania elementów przeszłości, które wciąż można odnaleźć w Galicji. Wystawa jest wynikiem wieloletniej twórczej współpracy pomiędzy dwoma Brytyjczykami, fotografikiem – Chrisem Schwartzem i autorem niniejszych słów, naukowcem – Jonathanem Webberem. Podróżując od wsi do wsi i od miasta do miasta, zebraliśmy materiał, który umożliwia zupełnie nowe spojrzenie na historię polskich Żydów. Wystawa jest próbą złożenia w całość ocalałych fragmentów kultury i opisania ich w sposób, który przekazując informacje zmuszałby jednocześnie do refleksji.

Mamy nadzieję, że Państwo również uznają te fotografie za wyjątkowe. Robione o każdej porze roku pomogą Pań-

ning, in both senses of the word. Taken at all seasons of the year, they will help you become acquainted with the landscape in which Jews lived, in all its variety, and specifically in its Polish setting. At the same time they are a moving tribute to the Jewish heritage in Poland and the richness of its culture. We also want to show how the violence with which it was destroyed by the Germans is being remembered and represented today. The intention of the captions is to put the images in context, clarify their meaning, and explain the ideas that the photographs express.

Galicia was a province of the Austro-Hungarian empire which came into being when Poland was partitioned between three great powers at the end of the 18th century and disappeared of the map of Europe. After the end of the first World War, Poland reappeared as an independent country, and this time it was Galicia that disappeared of the map as a distinct political entity; its territory was incorporated into the newly independent Polish Republic. After the upheavals of the Second World War, the boundaries were changed once again. The territory of old Galicia was divided in half: what had once been eastern Galicia was given to Ukraine, and Poland kept only the western half. But the memory of Galicia remains very strong, both among local people and also among the descendants of Jews who were born there.

stwu zobaczyć krajobraz, w jakim żyli Żydzi z całą jego różnorodnością i polskim charakterem. Jednocześnie są wzruszającym hołdem oddanym bogatemu dziedzictwu żydowskiemu w Polsce. Chcieliśmy również pokazać, w jaki sposób przemoc, z jaką Niemcy niszczyli tę kulturę, jest dzisiaj pamiętana. Intencją opisów jest umieszczenie fotografii w odpowiednim kontekście oraz wyjaśnienie ich znaczenia.

Galicja była prowincją imperium austro-węgierskiego, która powstała po dokonaniu przez trzy wielkie mocarstwa rozbiorów Polski pod koniec XVIII w. Po zakończeniu pierwszej wojny światowej Polska odzyskała niepodległość, natomiast Galicja, jako prowincja Austro-Węgier przestała istnieć. Jej tereny zostały włączone w obszar niepodległej Rzeczypospolitej. Po drugiej wojnie światowej granice powtórnie uległy zmianom. Tereny Galicji zostały podzielone: wschodnia cześć znalazła się w granicach Ukrainy, natomiast Polska zatrzymała jedynie jej część zachodnią. Jednak pamięć o Galicji pozostaje żywa zarówno wśród Polaków, jak i pośród potomków Żydów, którzy się tam urodzili. Najważniejszym miastem Galicji był Kraków, i dlatego tutaj pokazujemy naszą wystawę, obejmującą jedynie zachodnią część prowincji.

Podzieliliśmy wystawę na pięć sekcji, odpowiadających różnym sposobom przedstawienia tematu: smutek w ob-

The most important town of western Galicia was right here in Kraków, and this is why we have our exhibition here; and we are showing photographs only of Polish, not Ukrainian Galicia.

We have divided the exhibition into five sections, corresponding to different ways in which the subject can be approached: sadness in confronting ruins; interest in the original culture; horror at the process of destruction; and recognition of the efforts to preserve the traces of memory. We end with a section showing some of the people who are involved, in different ways, with recreating the memory of the Galician Jewish past.

liczu ruin, zainteresowanie oryginalną kulturą, przerażenie procesem zniszczenia czy wreszcie uznanie dla wysiłków zachowania śladów pamięci. Na koniec, prezentujemy kilkoro spośród ludzi zaangażowanych, w różny sposób, w pielęgnowanie pamięci o historii galicyjskich Żydów.

Kraków, Płaszów

This place is the former concentration camp that featured in the film *Schindler's List*. It was built on the site of a Jewish cemetery. Today there is only one inscribed stone still standing. I have placed this picture at the beginning of the exhibition, and of this catalogue, as a way of showing that the Nazis wanted not only to murder the Jews but also to destroy all aspects of Jewish culture and civilization. For me, this stone also symbolises the randomness of survival, not only of the people, but also of the physical remains of Jewish culture in Polish Galicia.

Kraków, Płaszów

Płaszów – właśnie tutaj znajdował się obóz koncentracyjny przedstawiony w filmie *Lista Schindlera*. Obóz założony został na żydowskim cmentarzu, z którego dziś pozostał tylko jeden kamień nagrobny z inskrypcją. Decydując się na pokazanie na wystawie tego właśnie zdjęcia jako pierwszego i umieszczając je na początku katalogu, chciałem zwrócić uwagę na fakt, iż naziści chcieli nie tylko fizycznie eksterminować Żydów, lecz również zniszczyć wszelkie przejawy ich kultury i cywilizacji. Dla mnie ten kamień jest symbolem przypadkowości ocalenia, nie tylko w odniesieniu do ludzi, ale i w odniesieniu do materialnych pozostałości kultury żydowskiej w Galicji.

Kraków, Kazimierz, Plac Wolnica

Jews first came to Poland at the end of the 11th century. A bas-relief on the wall of the old town hall of Kazimierz was erected in 1907 celebrating King Kazimierz Wielki (1310-1370), welcoming Jews to Poland. Up until the emigration to the United States in the 1880's, almost 75% of the world's Jews lived in eastern Europe. During the German occupation the plaque was taken down and another plaque originated by the artist, Henryk Hochman, was erected in 1996.

Kraków, Kazimierz, Plac Wolnica

Pierwsi osadnicy żydowscy przybyli do Polski pod koniec XI wieku. W 1907 roku na ścianie dawnego ratusza na Kazimierzu została umieszczona płaskorzeźba Henryka Hochmana, upamiętniająca ich oficjalne sprowadzenie do Polski przez Kazimierza Wielkiego (1310-1370). Do czasu emigracji do Stanów Zjednoczonych w latach 80-tych XIX wieku, prawie 75% ogółu Żydów mieszkało właśnie we wschodniej części Europy. Podczas okupacji niemieckiej płyta została zdjęta, a w 1996 roku w jej miejsce wmurowano kopię innej płaskorzeźby tego samego autora.

Dąbrowa Tarnowska

Lost traces: the cover picture of this catalogue shows the painting of a lion by the entrance to the synagogue as it was in the mid 1990's when I first photographed it. This picture was taken five years later and shows how much it had deteriorated in the meantime.

Dąbrowa Tarnowska

Zamieszczone na okładce niniejszego katalogu zdjęcie przedstawia lwa – fresk znajdujący się przy wejściu do synagogi w Dąbrowie Tarnowskiej. Zrobiłem je w połowie lat 90-tych, kiedy byłem tam po raz pierwszy. Zdjęcie na sąsiedniej stronie, zrobione pięć lat później, wyraźnie ukazuje zniszczenie, jakiemu fresk uległ w międzyczasie.

Jewish Life in Ruins
Świadectwo ruin

Jonathan Webber

This first section focuses on ruins: it is, after all, the key reality of the Jewish past in Poland. Jewish life was left in ruins after the Holocaust. Poland, as seen through Jewish eyes, is largely a landscape of ruins.

There is great variety to these ruins: synagogues open to the sky, synagogues with bushes growing out from the roof, synagogues propped up by scaffolding or with only the central pillars still standing. Such images offer expressive silent testimony to the society that was uprooted and destroyed, as do Hebrew-language wall-paintings that are now virtually illegible.

These were flourishing communities, in many localities with a history going back for centuries. These synagogues witnessed weddings and joyful processions; the cemeteries contained carefully carved tombstones. But now there is hardly anyone even to look after these places, which are left to rot. The worshippers are long since gone, taken away and murdered; and the physical remains of their culture lingers on, damaged beyond repair. There was no preparation for leaving all this for posterity. On the contrary, the clock just suddenly stopped. There is a sense of desolation that seems to survive in the very air itself. Now there is nothing but silence, the painful ruins of a tragic past. In village after village, town after town, there are no Jewish

Wiodącym motywem pierwszej części wystawy są ruiny. Jest to, niestety podstawowy element powojennej obecności kultury żydowskiej w Polsce. Po Holokauście życie Żydów galicyjskich dosłownie i w metaforycznym sensie legło w gruzach.

Synagogi bez dachów, synagogi zarosłe krzakami, wsparte o rusztowania lub takie, z których pozostały już tylko centralne kolumny. Takie obrazy są wymownym świadectwem istnienia społeczności, która została wykorzeniona ze swego środowiska i zniszczona podobnie jak ledwie widoczne dziś hebrajskie napisy na ścianach opustoszałych bożnic.

W czasach swojej świetności synagogi były świadkami ślubów i radosnych procesji; na cmentarzach pełno było starannie rzeźbionych kamieni nagrobnych. Dziś nie ma już prawie nikogo, kto mógłby opiekować się tymi miejscami – wierni zostali wywiezieni i zamordowani. Nie poczyniono też żadnych starań, by przekazać żydowskie dziedzictwo następnym pokoleniom. Wrażenie opuszczenia przesyca powietrze, a panująca cisza jest bolesnym świadectwem tragicznej przeszłości. We wsiach i miastach Galicji nie ma już żydowskich społeczności. Pozostały ruiny, których widok jest trudny do zniesienia.

Pozostałości cmentarzy i płyt nagrobnych stanowią rów-

communities here any more. The banality of the ruins they left behind is painful to look at.

The ruins of cemeteries and tombstones present a similarly eloquent testimony. There are cemeteries with tombstones scattered on the ground or piled up as if by a hurricane, cemeteries with only scattered tombstones remaining, cemeteries where nothing remains but the trees that have grown up where tombstones were before, cemeteries where even the trees have been broken. The gravestones that are left behind are like amputated stumps, bleeding wounds; they have been smashed to pieces and abandoned.

These pictures reinforce the stereotype of destruction, but at the same time underline the fact that the stereotype is not just an image, but a reflection of reality: these are real objects in real places that still exist. The destruction affected every town and village where Jews lived, and in most places the destruction was total.

nie wymowne świadectwo. Są cmentarze, gdzie kamienie leżą porozrzucane niczym po przejściu potężnej wichury, są też takie, gdzie płyty nagrobne leżą jedna na drugiej. Z niektórych ocalały nieliczne groby, na innych w miejsce grobów wyrosły drzewa. Kamienie nagrobne, które przetrwały – rozbite na kawałki i porzucone – przypominają otwarte rany.

Fotografie ukazują stereotypowy obraz zniszczenia. Jednak stereotyp to nie tylko wyobrażenie, ale i częściowe odbicie rzeczywistości. Zniszczenie dosięgło niemal każdej wioski i każdego miasta, w którym kiedyś mieszkali Żydzi – najczęściej było to zniszczenie całkowite.

Kraków, Kazimierz, Szeroka Street

On this doorpost you can just see the indentation which once held a mezuzah. This was a small box containing a piece of parchment on which there were written short texts from the Hebrew Bible. This is proof that there was a Jewish home here at one time.

Kraków, Kazimierz, ulica Szeroka

W framudze drzwi można dostrzec wgłębienie, w którym kiedyś znajdowała się mezuza. Było to małe pudełeczko, zawierające niewielki zwój pergaminu, na którym zapisane były fragmenty z Biblii. Miejsce na mezuzę jest dowodem, że kiedyś w tym domu mieszkali Żydzi.

Rymanów

There are now moves to restore this synagogue. I will be pleased if this happens. I am also glad that I photographed Rymanów synagogue as it remained, abandoned and empty of worshippers for over 60 years. I spent years photographing ruined synagogues like this one, as well as cemeteries and other remnants of Jewish life in the towns and villages of southern Poland, to produce a testimony to the enormity of the destruction of Jewish culture and civilization. In its eloquent silence the destroyed synagogue is a powerful testimony of the Holocaust and the annihilation of Polish Jewry.

Rymanów

Ruiny rymanowskiej synagogi. Jestem szczęśliwy, że powstają plany odbudowy tej bożnicy. Cieszę się również, że utrwaliłem na kliszy synagogę w Rymanowie taką, jaką była przez powojenne lata: opuszczona i pozbawiona wiernych. Przez całe lata fotografowałem ruiny takich jak ta synagog, cmentarzy oraz innych śladów życia Żydów w miastach i wioskach południowej Polski, aby zebrać świadectwa ogromu zniszczenia kultury i cywilizacji żydowskiej. Przejmująca cisza tego miejsca zdaje się świadczyć o tragedii polskich Żydów.

Dąbrowa Tarnowska

The Hebrew inscription over the door of this building is a verse from Psalms which says: "I was happy when they said to me, let us go into the house of the Lord". But now the entrance is barred and it is dangerous to enter because masonry and bricks can fall from the collapsing roof.

Dąbrowa Tarnowska

Hebrajski napis nad drzwiami tego budynku głosi, słowami Psalmu: „Uradowałem się, gdy mi powiedziano: Pójdziemy do domu Pańskiego!". Dziś wejście jest niedostępne, a ze zrujnowanego dachu w każdej chwili mogą spaść kamienie i cegły.

Dąbrowa Tarnowska

It was only by climbing through a broken fence and scaling a wall of this boarded up synagogue that I discovered the remains of this prayer-room.

Dąbrowa Tarnowska

Pozostałości tej sali modlitw odkryłem dopiero po przejściu przez zniszczony płot i wdrapaniu się po ścianie zabitej deskami synagogi.

Żywiec

Unless one knew beforehand, one could never tell that this burnt out ruin used to be the funeral chapel of the Jewish cemetery.

Żywiec

Nie wiedząc, czym było niegdyś to pogorzelisko, nigdy nie odgadlibyśmy, że była to kaplica pogrzebowa na żydowskim cmentarzu.

Dąbrowa Tarnowska

This town had a population of about 2,500 Jews before the war. The people who built this synagogue were part of a community; they had a past, a present and, they believed, a future. While Auschwitz shows where and how the mass murder of many Jews took place, it doesn't reveal anything about Jewish culture. Rather, Auschwitz could be described as a monument to Nazi ideology. These ruined synagogues and cemeteries remind us that it was a Jewish culture that was destroyed as well as its people.

Dąbrowa Tarnowska

W mieście tym przed wojną mieszkało około 2,5 tysiąca Żydów. Ludzie, którzy wybudowali tę synagogę stanowili wspólnotę; mieli przeszłość, teraźniejszość i wierzyli, że mają przyszłość. W Auschwitz możemy się wiele dowiedzieć o tym, gdzie i jak dokonywano masowego mordu Żydów, jednak nie nauczymy się tam niczego o ich kulturze. Obóz Auschwitz mógłby być nazywany pomnikiem nazistowskiej ideologii. Tymczasem ruiny synagog i cmentarzy przypominają, że kultura żydowska była niszczona, podobnie jak tworzący ją naród.

Zakopane

Here lie the remains of the cemetery with the setting sun just shining through the oncoming storm clouds. Only these few tombstones lying on the hill outside the town reveal that a small number of Jews lived here before the war. Hence the title of the exhibition – *Traces of Memory*. Since this picture was taken a fence has now been erected round the cemetery.

Zakopane

Oto pozostałości cmentarza w promieniach zachodzącego słońca przebijającego się poprzez burzowe chmury. Tylko tych kilka kamieni nagrobnych leżących na wzgórzu za miastem przypomina, że przed wojną mieszkała tu garstka Żydów. Stąd też wziął się tytuł całej wystawy – *Śladami pamięci*. W czasie, jaki upłynął od momentu zrobienia tego zdjęcia wokół cmentarza powstało ogrodzenie.

Czarny Dunajec

I found the cemetery as the sun was going down and took this picture of the last few remaining stones from the Jewish cemetery of the small town of Czarny Dunajec.

Czarny Dunajec

Ten cmentarz znalazłem o zachodzie słońca. Postanowiłem sfotografować kilka ostatnich kamieni nagrobnych dawnej nekropolii w małym górskim miasteczku o nazwie Czarny Dunajec.

Lesko

Before the war there was a community in this town of 2,500 Jews. Now the Jewish cemetery provides a shortcut for local people, who make new footpaths through the hallowed ground.

Lesko

Przed wojną w miasteczku mieszkało 2,5 tysiąca Żydów. Śladem ich obecności jest żydowski cmentarz poprzecinany ścieżkami wydeptanymi przez obecnych mieszkańców Leska.

Kańczuga

When, with Jonathan Webber, I first saw these tombstones they were lying face down in the muddy farm track which led to the Jewish cemetery and a site where Jews were murdered during the Second World War. By the time I came back with the camera a few days later, our unexpected interest in the stones had prompted the farmer to move them back to the cemetery.

Kańczuga

Kiedy wraz z Jonathanem Webberem po raz pierwszy zobaczyłem te nagrobne kamienie, leżały zanurzone w błocie gospodarskiej drogi prowadzącej do żydowskiego cmentarza i miejsca, gdzie podczas wojny mordowano Żydów. Gdy przyjechałem tam ponownie z aparatem fotograficznym, kamienie znajdowały się już na cmentarzu, przeniesione przez poruszonego naszym zainteresowaniem rolnika.

Kraków, Grodzka Street, Tygner Synagogue

This synagogue, almost unknown, is in an inner courtyard, one minutes' walk from the main square of Kraków. During the interwar period of the twentieth century, many of the religious and poorer Jews lived in Kazimierz, the now well-known Jewish quarter of the city. Many middle class professionals lived and worked in the smarter parts of town. They worshipped in their own, sometimes privately owned synagogues.

Kraków, ulica Grodzka, Synagoga Tignera

Ta prawie nieznana synagoga znajduje się na wewnętrznym dziedzińcu kamienicy, minutę drogi z krakowskiego Rynku Głównego. W dwudziestoleciu międzywojennym, gdy wielu biednych, religijnych Żydów mieszkało w dobrze dziś znanej żydowskiej dzielnicy miasta – na Kazimierzu, wówczas przedstawiciele wykształconej żydowskiej klasy średniej mieszkali i pracowali w bardziej eleganckich dzielnicach Krakowa. Modlili się także osobno, często w prywatnych domach modlitwy.

Kraków, Kazimierz, Kupa Street

This ruined housing is in the old Jewish quarter of the city. The area, badly neglected since 1941 when the Jews were moved to the ghetto established by the Germans in Podgórze, is now becoming gentrified with bars, cafes and smart, renovated apartments.

Kraków, Kazimierz, ulica Kupa

Widoczny na fotografii zniszczony budynek znajduje się w dawnej żydowskiej części miasta. Dzielnicę tą, zupełnie zaniedbaną po 1941 roku, kiedy jej mieszkańców przesiedlono do zorganizowanego w Podgórzu getta, ożywiają obecnie otwierane tu bary, kawiarnie i odnawiane eleganckie mieszkania.

Wielkie Oczy

I was photographing the abandoned synagogue in this small village when a farmer came to talk to me; saying that his father-in-law, who had recently died, had taken the stones from the Jewish cemetery after the war to pave the path leading to his house. The farmer felt this was wrong, and asked if I wanted to see the stones. Half an hour later, using a crowbar from the farmer's shed, we lifted up the stones to see the Hebrew text on the stones which was also mirrored in the soft earth. He asked what he should do with them. I said there was only one thing to do: take them back to the Jewish cemetery, and when there, say a good Catholic prayer. I hope he did this.

Wielkie Oczy

Gdy fotografowałem kolejną opuszczoną synagogę w niewielkiej wiosce, podszedł do mnie rolnik; opowiadał, że jego zmarły niedawno teść zabrał po wojnie kamienie z żydowskiego cmentarza, żeby wyłożyć nimi ścieżkę do domu. Gospodarz zapytał, czy chciałbym je zobaczyć. Pół godziny później, używając wyciągniętego z szopy łomu, podważaliśmy kamienie, żeby odkryć hebrajskie napisy odbite jak w lustrze w miękkiej ziemi. Mężczyzna zapytał, co powinien z nimi zrobić. Odpowiedziałem, że może zrobić tylko jedną rzecz: zabrać je z powrotem na cmentarz, a na miejscu odmówić porządną katolicką modlitwę. Mam nadzieję, że tak właśnie postąpił.

Rymanów

This town was a centre of Hasidism. It was one of the first places I visited outside Kraków and it made a lasting impression on me. I was amazed that so long after the Second World War I could still see the haunting remains of the destruction. I returned time and time again to this ruined synagogue trying to capture its devastated dignity.

Rymanów

Rymanów to miasteczko będące jednym z centrów chasydyzmu. Było to jedno z pierwszych miejsc, jakie odwiedziłem poza Krakowem i wywarło na mnie niezapomniane wrażenie. Zdumiało mnie, że tyle lat po zakończeniu wojny wciąż można zobaczyć ruiny zniszczonych synagog. Później często wracałem do podobnych miejsc próbując utrwalić na kliszy ich utraconą świetność.

Jewish Culture as it Once Was
Kultura żydowska jaką niegdyś była

Jonathan Webber

This second section, focusing on Jewish culture as it once was, stands in vivid contrast to what we have just seen in the first section. This is because from the relics that still exist in the villages and towns of Galicia today it is also possible to see many indications of the strength and splendour of Jewish culture.

Substantial, even monumental synagogues–in village settings as well as in the more major cities–are evidence that Jewish communities were indeed strongly rooted and well settled after more than eight centuries in their Polish environment. The art and architecture of the Galician synagogue came to be highly influenced by mystical ideas, which encouraged a richness of decorative features both inside and out. The synagogue art that flourished here is almost nowhere to be found in the United States, Israel, Britain and other countries where Jews of Polish origin now live, which is another reason why the surviving traces of the Jewish heritage still to be found here in Poland are particularly precious.

No less important are the tombstones. Many have ornate lettering, pictorial carving, and a highly developed literary style. The tombstones still standing in Galicia are evidence of a rich culture and a highly elaborate civilisation. Here one can find the graves of great rabbis, outstanding

Druga część wystawy koncentruje się na kulturze żydowskiej jaką była przed Zagładą, i w tym sensie stanowi przeciwieństwo tego, co widzieliśmy w części pierwszej. Na terenach Galicji wciąż można znaleźć oznaki dawnej siły i splendoru cywilizacji żydowskiej.

Częstokroć monumentalne synagogi, zarówno na wsiach jak i w miastach, są dowodem silnego zakorzenienia społeczności żydowskiej w polskiej rzeczywistości po ponad 800-letniej w niej obecności. Sztuka i architektura synagog galicyjskich znajdowała się pod silnym wpływem idei mistycznych, które przekładały się na bogate zdobienia zarówno wewnątrz, jak i na zewnątrz bożnic. Styl, który rozwinął się w Galicji, jest zjawiskiem wyjątkowym, niespotykanym w Stanach Zjednoczonych, Izraelu, Wielkiej Brytanii czy innych krajach, w których mieszkają dzisiaj Żydzi polskiego pochodzenia. Są to tym bardziej cenne elementy żydowskiego dziedzictwa.

Równie istotne są kamienie nagrobne. Na wielu z nich znajdują się ozdobne napisy, rzeźbienia i kunsztowne epitafia. Macewy, które wciąż można znaleźć w Galicji dowodzą bogactwa kultury i wysokiego poziomu rozwoju cywilizacyjnego. Można tutaj odnaleźć groby wielkich rabinów, wybitnych znawców Talmudu, mistyków, malarzy, syjonistów, żydowskich socjalistów i komunistów. Tuż obok zwykłych Ży-

talmudical scholars, mystics, painters, Zionist leaders, Jewish socialists and communists. The graves of many of the founders of the pietist movement of Hasidism are to be found here today as well, alongside the simple memorials of poor village Jews. The tombstones reveal a whole society: scholars and artists, merchants and traders, and the plain ordinary people, all those who formed the thick fabric of Jewish life in Poland over many centuries. The older tombstone inscriptions are in Hebrew, and only in Hebrew; but as Jewish society integrated more deeply into its local environment one begins to find inscriptions in German and then in Polish, evidence of a changing social history.

If, by way of example, one had to choose just one personality from this rich history, a good candidate would surely be the Rema, the 16th-century rabbinical scholar after whom the Rema synagogue in Kraków is named. The Rema's codification of Jewish law was so well done that Orthodox Jews throughout the world still regard it as the decisive basis of the entire Jewish legal and cultural system. It is largely because of him that the city of Kraków became an exceptionally important centre of Jewish learning.

Jewish literacy, art, learning, leadership, mystical and political thought: the traces of all this, and much more, are still to be seen in Polish Galicia today.

dów spoczywają założyciele chasydyzmu, obok artystów kupcy, handlarze obok naukowców. Wszyscy oni przez wiele wieków tworzyli w Polsce żydowskie społeczności. Napisy na najstarszych nagrobkach są hebrajskie, ale w miarę pogłębiania się integracji z lokalną społecznością coraz częściej znajdujemy napisy po niemiecku, a później również po polsku – najlepszy dowód postępującej asymilacji.

Wybierając, dla przykładu, tylko jedną postać z bogatej historii galicyjskich Żydów, możemy wskazać Remę, szesnastowiecznego badacza prawa religijnego, którego imię nosi jedna z krakowskich synagog. Przeprowadzona przez niego kodyfikacja żydowskiego prawa była tak znakomita, iż ortodoksyjni Żydzi z różnych części świata wciąż uznają ją za podstawę systemu prawnego i kulturowego. To w dużej mierze dzięki niemu Kraków stał się dla Żydów ważnym ośrodkiem nauki, przez wiele pokoleń przyciągając wybitnych znawców prawa religijnego.

Galicja wciąż jest miejscem, gdzie można odnaleźć pozostałości wybitnych osiągnięć kultury żydowskiej: literatury, sztuki, nauki oraz myśli mistycznej i politycznej.

Łańcut

The magnificence of this eighteenth-century synagogue, which was restored after the Second World War, is a source of pride for many Jews from all over the world, especially those whose families originated from Poland. Though there were many problems at times in Poland for its Jewish citizens, it is important to remember that a great Jewish culture developed here over a period of 800 years. I believe that that culture should be celebrated at the same time as we mourn the victims of the Holocaust.

Łańcut

Okazałość tej osiemnastowiecznej synagogi, odnowionej po drugiej wojnie światowej, jest dla wielu Żydów z całego świata, a szczególne tych o polskich korzeniach, źródłem ogromnej dumy. Chociaż Żydzi w Polsce nieraz doświadczali trudności, należy pamiętać, że wspaniała kultura żydowska rozkwitała tu przez ponad 800 lat. Wierzę, że opłakując ofiary Holokaustu powinniśmy jednocześnie pielęgnować tę kulturę.

Kraków, Kazimierz

In the heart of Kazimierz on Józefa Street, stands this former prayer house.

Kraków, Kazimierz

W samym sercu Kazimierza, przy ulicy Józefa, stoi były dom modlitwy.

Bobowa Cemetery

Bobowa was a strong centre of Hasidism. Many Hasidic pilgrims, mainly from the USA, come to pray by the tombs of the great rabbis.

Bobowa, Cmentarz

Bobowa była silnym ośrodkiem chasydyzmu. Wielu pielgrzymów, członków tego ruchu, głównie ze Stanów Zjednoczonych, przyjeżdża modlić się na grobach wielkich rabinów.

Wielkie Oczy

The commemorative inscription on the wall of the synagogue acknowledges a New York benefactor who helped restore the building after damage in the First World War.

Wielkie Oczy

Pamiątkowa tablica na ścianie synagogi poświęcona jest dobroczyńcy z Nowego Jorku, który wspomógł odbudowę budynku, po zniszczeniu go w czasie pierwszej wojny światowej.

למזכרת נצח
מוקר ומוגש

מקהל עדת ישורון רפה להנדבן ושוב לב
יליך עירנו ואזרח נכבד בעיר נויארק
הנגיד מוהר״ר אליהו גאטטפליעד
בהרב הגדול פ׳תורה וירא̇ה מהה̇ברוך זצ״ל
ולאשתו הגבירה מרת רחל ת̇ח̇י
אשר בנדבת לבם וצדקת פזרונם דקדישו
דכושם והונם. סכום הגם לעזר ולסעד
לבנין ולהשלים את בנין בית הכנסת הזה
שנ̇אות בשלמות הגולה
יתן̇ך להם פ̇עלם וירפ̇ בשיבה טובה
אורך ימים ושנ̇ אמן.
ואם פוד עשינו כבבורם זה נצח לזכרון
פהציב להם שם עולם בליהכם עד הדור האהרון
בשנת והיה להם לזכרן טוב לפני אלהים לפ̇ק

משה דאמיצר לבוב

Tarnów

Fading text on the façade of a building, which used to be
a Jewish milk-bar or café.

Tarnów

Coraz mniej czytelny napis na fasadzie budynku, który był
żydowskim barem lub kawiarnią.

Wielkie Oczy

This is the entrance to the substantial synagogue that is to be found in the small village of Wielkie Oczy, where before the war there was a community of about 500 Jews living there.

Wielkie Oczy

Wejście do dużej synagogi w wiosce o nazwie Wielkie Oczy. W tej małej miejscowości przed wojną mieszkało około 500 Żydów.

Kraków, Kazimierz, Temple Synagogue

The Progressive Synagogue in Kraków. The pre-war Jewish community in Poland included Orthodox and Progressive congregations, members of the Bund, Communists, Zionists, artisans, artists, philosophers and agnostics.

Kraków, Kazimierz, Synagoga Tempel

Krakowska synagoga Stowarzyszenia Żydów Postępowych. Społeczność żydowska w okresie przedwojennym składała się z szeregu bardzo różnorodnych zgromadzeń: ortodoksyjnych i postępowych, agnostyków, członków Bundu i komunistów, syjonistów, rzemieślników, artystów i filozofów.

Kraków, Kazimierz, Rema Cemetery

Jewish pilgrims still come to pray and pay their respects by the tombs of the great rabbis in Poland. This is the tomb of the Talmudist Joel Sirkes (who died in 1640); memorial candles and stones have been left by devout visitors.

Kraków, Kazimierz, Cmentarz Remu

Żydowscy pielgrzymi nadal przybywają modlić się na grobach wielkich rabinów. Na zdjęciu widzimy grób talmudysty Joela Sirkesa zmarłego w 1640 roku. Pamiątkowe świece i kamienie pozostawili tu pobożni Żydzi.

Lubaczów

This is one of the best preserved Jewish cemeteries in Polish Galicia. In the background is the Christian cemetery.

Lubaczów

Jeden z najlepiej zachowanych cmentarzy żydowskich w południowej Polsce. W tle można dostrzec cmentarz katolicki.

Kraków, Kazimierz, Miodowa Cemetery

Miodowa Cemetery Funeral Chapel, which is still in use. However with the passing of each year there are fewer members of the ageing Kraków congregation.

Kraków, Kazimierz, Cmentarz Nowy przy ulicy Miodowej

Kaplica pogrzebowa na cmentarzu przy ulicy Miodowej. Jest ona wciąż używana, choć z każdym rokiem Gmina Żydowska w Krakowie liczy coraz mniej członków.

Bochnia

The Jewish cemetery of Bochnia contains tombstones of Jewish soldiers who died in the first World War. They are remembered as Poles, as it says on the monument, of "Mosaic" faith.

Bochnia

Wojskowa część cmentarza żydowskiego w Bochni. Żydowscy żołnierze polegli podczas pierwszej wojny światowej pamiętani są tu jako Polacy.

Tarnów

This sign says "Jewish Street".

Tarnów

Ulica Żydowska w samym sercu Tarnowa.

Bobowa

This synagogue has been returned to the Bobover Hasidim who are now mainly based in the United States. The last Polish born rabbinical leader of the community died in 2005.

Bobowa

Przedstawiona na zdjęciu synagoga została zwrócona chasydzkiej wspólnocie tej miejscowości, choć większość jej członków mieszka obecnie w Stanach Zjednoczonych. Ostatni urodzony w Polsce rabin, przywódca tej społeczności, zmarł w 2005 roku.

Leżajsk

Within the mausoleum is the tomb of the great Tzaddik, known as Noam Elimelech of Lezhensk (who died in 1787). Many thousands of Hasidic pilgrims from round the world visit here on the anniversary of his death.

Leżajsk

W mauzoleum znajduje się grób wielkiego cadyka, Noama Elimelecha z Leżajska, zmarłego w 1787 roku. W rocznicę jego śmierci przyjeżdżają tutaj tysiące chasydzkich pielgrzymów z całego świata.

Kraków, Kazimierz, The Hoyche Shul, or Tall Synagogue

Built in the middle of the 1500's, the synagogue on Józefa Street has no public access because its ownership is in dispute.

Kraków, Kazimierz, Synagoga Wysoka

Z powodu sporu o prawo własności, wybudowana w połowie XVI wieku synagoga przy ulicy Józefa nie jest udostępniona zwiedzającym.

Kraków, Kazimierz, Rema Synagogue

This is the only functioning synagogue in Polish Galicia.

Kraków, Kazimierz, Synagoga Remu

Jedyna funkcjonująca synagoga polskiej Galicji.

Kraków, Kazimierz

This is the tombstone of the well-known painter Maurycy Gottlieb (1856-1879) whose works now hang in the National Museums of Kraków and Warsaw. One of his most famous paintings is *Jews Praying in the Synagogue* (c.1878).

Kraków, Kazimierz

Nagrobek znanego malarza Maurycego Gottlieba (1856-1879), którego prace znajdują się w zbiorach wielu muzeów, między innymi Muzeum Narodowego w Krakowie i w Warszawie. Jedno z jego najbardziej znanych płócien to *Modlący się Żydzi* (ok. 1878 roku).

Kraków

It is rare to find any original pre-war Hebrew inscriptions on a public street in Kraków today. This house on 10 Bonerowska Street was a home and trade school for Jewish orphans. This is one of about only six examples of original Hebrew text in the city, though Jewish names and signs have recently been added to appeal to the tourist market.

Kraków

Prawie nie sposób odnaleźć dziś na ulicach Krakowa oryginalnych napisów w języku hebrajskim. W tej kamienicy, przy ulicy Bonerowskiej znajdował się dom i szkoła rzemiosła dla żydowskich sierot. Zdjęcie przedstawia jeden z sześciu oryginalnych hebrajskich napisów, jakie można znaleźć w mieście, chociaż żydowskie nazwy i symbole zostały częstokroć w ostatnich latach poumieszczane, by przyciągnąć turystów.

Kraków, Kazimierz, courtyard between Meiselsa and Józefa Street

This courtyard was used in the film *Shindler's List* for the scene of the clearing of the ghetto because it was 'more photogenic' than the ghetto established by the Germans in Podgorze across the river. The photographer Roman Vishniac, who documented much of pre-war Jewish Galicia in the 1930's, including this courtyard was, partly the inspiration for my photographic *Traces of Memory* project. He photographed on the eve of the destruction. My pictures show what is left behind.

Kraków, Kazimierz, dziedziniec pomiędzy ulicami Meiselsa i Józefa

Na tym dziedzińcu sfilmowano scenę wywożenia Żydów z krakowskiego getta w filmie *Lista Shindlera*. Autorzy filmu uznali, że to miejsce spełnia ich oczekiwania lepiej niż dziedzińce położonego tuż za rzeką Podgórza – dzielnicy, w której w rzeczywistości znajdowało się getto założone przez Niemców.

Fotografie Romana Vishniaca, który w latach 30-tych udokumentował dużą część ówczesnej żydowskiej Galicji, łącznie z tym dziedzińcem, były po części inspiracją dla mojego projektu zatytułowanego *Śladami pamięci*. Vishniac robił zdjęcia tuż przed zagładą – moje zdjęcia pokazują to, co przetrwało.

The Holocaust: Sites of Massacre and Destruction
Holokaust: miejsca zagłady i zniszczenia

Jonathan Webber

This third section focuses on what happened during the Holocaust. It represents yet another complete shift of the mood and tempo of this exhibition, with the emphasis on what can be learnt in Poland today about the brutality of the destruction. The powerful photographs in this section aim to help visitors go beyond the conventional symbols and understand more about what happened, how it happened, and where it happened.

The photographs from Auschwitz are testimony to the huge force, scale, and mechanics of the destruction that took place there. Gazing at the winter scenes of bleak wooden barracks stretching in deep snow to a distant horizon, one cannot avoid thinking about what it was like to be there then; the summer pictures, in contrast, convey a sense of the terrible heat that was for many no less a torture. Most of the photographs were taken in Auschwitz-Birkenau, some of them in the remoter parts of this extremely large camp. The locations photographed in the main Auschwitz camp, with its brick-built barracks and museum exhibits, are perhaps better known but are no less forceful even if they are more familiar.

At the same time, the pictorial record presented here illustrates how too much of an emphasis on Auschwitz is historically misleading. We have pictures from about

Trzecia część wystawy pokazuje miejsca, w których dokonywała się zagłada, podkreślając to, czego można się dziś w Polsce dowiedzieć na temat bestialstwa wojennych zbrodni. Chcemy nie tylko pokazać powszechnie znane symbole ludobójstwa, lecz także pomóc odwiedzającym lepiej zrozumieć co się stało i jak do tego doszło.

Fotografie obozu Auschwitz-Birkenau są świadectwem niewyobrażalnej skali hitlerowskich zbrodni. Patrząc na zimowy pejzaż, z pokrytymi grubą warstwą śniegu rzędami ponurych, drewnianych baraków, ciągnącymi się aż po horyzont, nie sposób powstrzymać się od myśli o losie przebywających tam ludzi. Zdjęcia robione w lecie, dla kontrastu, dają poczucie nieznośnego upału, który był równie dotkliwy, co mrozy. Większość zdjęć została zrobiona w obozie Birkenau, niektóre przedstawiają mniej znane fragmenty tego rozległego kompleksu. Obrazy obozu Auschwitz, gdzie baraki są z cegły i gdzie znajdują się muzealne zbiory, są być może lepiej znane, lecz nie mniej sugestywne.

Chcieliśmy pokazać jak historycznie dezinformujące może być kładzenie zbyt dużego nacisku na obóz w Auschwitz. Dlatego na wystawie można zobaczyć fotografie z kilkunastu innych miejsc masowej zagłady, między innymi Bełżca – zamordowano tam około pół miliona osób, w tym całe społeczności galicyjskich Żydów. Masowa zagła-

15 other locations that were sites of mass murder during the Holocaust, although there were many, many more. Chief among the places shown here is the site of the death camp at Bełżec, where some 500,000 Jews were murdered, including entire communities of Jews from Galicia. But in fact mass murders of Jews took place throughout the territory of Galicia—in open countryside, in city centers, in cemeteries, on hilltops, beside rivers. The serenity of many of the images—the forested glades with mass graves marked by rusting railings, the open fields with simple concrete memorials—contrasts starkly with inscriptions that capture the fury of survivors' emotions.

Both Bełżec and Auschwitz are inside the old borders of Galicia, which is why they are included in this exhibition. The work of the museum at Auschwitz, established almost immediately after the end of the war, is the prime example of how the Holocaust is memorialized *in situ*. But Holocaust commemoration has also taken place in many other local places. There are monuments erected immediately after the war by Jews who survived the war and immediately set about commemorating the places where the atrocities happened. There are monuments erected more recently by survivors now living abroad or their descendants, whether by individuals remembering family members or organizations

da nie ograniczała się do obozów, a jej ślady znaleźć można na terenie niemal całej prowincji: na polach, w centrach miast, na cmentarzach, na wzgórzach czy brzegach rzek. Spokój fotografii kontrastuje z napisami ujmującymi gwałtowne emocje tych, którzy przeżyli.

Zarówno Bełżec, jak i Auschwitz-Birkenau znajdują się w granicach dawnej Galicji, dlatego zostały ujęte w tej publikacji. Muzeum w Oświęcimiu, założone prawie natychmiast po wojnie, podejmuje wysiłki będące dobrym przykładem upamiętniania ofiar Holokaustu. Ale pomniki Zagłady rozsiane są po całej Galicji. Wzniesione zarówno przez Żydów, jak i Polaków, po wojnie i dużo później, fundowane przez ocalonych i ich potomków są świadectwem trwającej pamięci. Niektóre powstają z inicjatywy indywidualnej, inne są wynikiem starań organizacji społecznych i państwowych. Poprzez tę różnorodność form pamięci, pomników i inskrypcji, można dostrzec wielość sposobów, w jakie pamięć o Holokauście w Polsce przetrwała i jest nadal przekazywana.

remembering whole communities. There are monuments erected by individual Catholic Poles and by civil authorities, after the war and more recently. Through this range of monuments and different styles of commemorative inscriptions, we see the wide variety of ways in which the memory of the Holocaust is to be found in Poland, as well as new ways in which it is being transmitted.

Pruchnik

Sixty-seven Jews were taken from the town and murdered in this field. I deliberately chose to take all these pictures in colour: the events of the Holocaust also took place on bright sunny days, not just under the dark, moody skies so beloved of art directors.

Pruchnik

Rozmyślnie zdecydowałem się robić kolorowe zdjęcia. Wydarzenia Holokaustu rozgrywały się również w słoneczne dni, nie tylko podczas dni szarych i pochmurnych, tak lubianych przez reżyserów. Na tym polu zamordowanych zostało 67 pruchnickich Żydów.

Gorlice

The wording on this memorial in part says: "In this mass grave are buried the remains of the bodies of 700 Jews from Gorlice and Bobowa, the victims of the Hitlerite's slaughter, bestially murdered on 14th August 1942". The shooting of Jews into mass graves was supplementary to the gas chambers. German mobile killing squads murdered Jews in towns, villages, fields, forests and cemeteries throughout Poland.

Gorlice

W tym grobie spoczywają szczątki Żydów z Gorlic i Bobowej, brutalnie zamordowanych w sierpniu 1942 roku. Rozstrzeliwanie Żydów stojących na krawędzi głębokich dołów było jedną z form eksterminacji. Oddziały SS Einsatzgruppen mordowały Żydów w miastach, wioskach, na polach, w lasach i na cmentarzach w całej Polsce.

Zbylitowska Góra

The Germans murdered 800 young Jewish children here in June 1942. Now many young Israeli school groups, learning about the Holocaust, come here to pay their respects when visiting Poland.

Zbylitowska Góra

W czerwcu 1942 roku Niemcy zamordowali tutaj około 800 żydowskich dzieci. Dzisiaj wielu młodych Izraelczyków uczących się o Holokauście przyjeżdża tu, by złożyć hołd ofiarom.

Barwinek

The text on the monument says that more than 500 elderly and sick Jews, from Dukla and Rymanów, were murdered here by the Germans on the 13th of August, 1942.

Barwinek

Inskrypcja na pomniku głosi, że ponad 500 żydowskich starców i chorych, z Dukli i Rymanowa, zostało tutaj zamordowanych przez Niemców 13 sierpnia 1942 roku.

Zasław

The sign reads: "A place of execution of prisoners of the Jewish nation imprisoned in the camp-ghetto Zasław". The remaining inmates were sent to their deaths in Bełżec.

Zasław

Znak wskazuje miejsce straceń więźniów obozu-getta w Zasławiu. Ci, których w Zasławiu nie zdołano wymordować, zostali wysłani na śmierć do Bełżca.

Kraków, Podgórze, The Ghetto Wall

One of the challenges of this photography project is the seeming banality of the remains compared with the enormity of the evil they represent. Behind this wall for instance, one of only two fragments still standing, was the Kraków ghetto of 15 streets where nearly 20,000 people were forced to live and many were murdered.

Kraków, Podgórze, mur getta

Jednym z wyzwań tego projektu fotograficznego było ukazanie banalności ruin w porównaniu z bezmiarem zła, jakiego były skutkiem. Za tym murem (jednym z dwóch fragmentów, które przetrwały) znajdowało się krakowskie getto, gdzie na przestrzeni 15 ulic stłoczono 20 tysięcy ludzi. Wielu z nich zostało w getcie zamordowanych.

Kraków, Szpitalna Street

The plaque says that on Christmas Eve 1942 the Jewish Fighting Organization together with People's Guard attacked the Cyganeria café which was used by German soldiers. In fact contemporary historians give the date as December 22nd 1942 and say that the Jewish fighters carried out the action on their own.

Kraków, ulica Szpitalna

Zgodnie z napisem na tablicy, w wigilię 1942 roku grupa żołnierzy Żydowskiej Organizacji Bojowej i Gwardii Ludowej zaatakowała odwiedzaną przez niemieckich żołnierzy kawiarnię Cyganeria. W rzeczywistości atak, przeprowadzony tylko przez członków ŻOB-u, miał miejsce 22 grudnia.

Bełżec

This is one of the five German extermination camps that were built in Poland during the German occupation. It took five months to build, from November 1941 to March 1942, but it only functioned for nine months, between mid March and December 1942. In that short period of time about 500,000 Jews were murdered there, including the Jews of Polish Galicia. Bełżec is much less well known than Auschwitz. This is partly because, in 1942, the camp was demolished on the orders of the Germans who wanted to hide the evidence of their crime. Also, unlike Auschwitz, there were fewer than 10 survivors, and no great books, such as the works of Primo Levi and Elie Wiesel documenting and disseminating the horrors of camp life. Today there stands an impressive new monument at Bełżec, but when this picture was taken, the monument did not yet exist and it shows the camp, as it had been for 60 years, remote and infrequently visited.

Bełżec

Bełżec to jeden z pięciu niemieckich obozów zagłady wybudowanych na terenie Polski w czasie okupacji. Jego budowa trwała pięć miesięcy, od listopada 1941 do marca 1942 roku, obóz zaś działał tylko dziewięć miesięcy, od marca do grudnia 1942 roku. W tym krótkim czasie zamordowano tutaj około 500 tysięcy Żydów, głównie pochodzących z Galicji. Bełżec jest o wiele mniej znanym obozem niż Auschwitz, częściowo dlatego, że w 1942 roku został rozebrany na rozkaz Niemców, którzy chcieli ukryć ślady swej zbrodni. Ponadto, pobyt w obozie przeżyło mniej niż 10 osób. Nie napisano także żadnych książek dokumentujących i przekazujących wiedzę o dramacie życia w Bełżcu, podobnych do tych, których autorami w przypadku Auschwitz byli Primo Levi i Elie Wiesel. Dziś na terenie dawnego obozu stoi monumentalny pomnik. Gdy robiłem to zdjęcie pomnika jeszcze nie było i dlatego można zobaczyć to miejsce w formie, w jakiej przetrwało przez 60 lat – opuszczone i rzadko odwiedzane.

Tarnów, Square of the Prisoners of Auschwitz

From this place, the first 728 Polish political prisoners, five of whom were Jews, were sent to the Auschwitz concentration camp. Some 75,000 non-Jewish Polish men, women and children were murdered at Auschwitz.

Tarnów, Plac Więźniów Oświęcimia

Z tego miejsca do obozu koncentracyjnego w Oświęcimiu wysłano pierwszych 728 polskich więźniów politycznych, z których pięciu było Żydami. W Oświęcimiu zamordowanych zostało około 75 tysięcy Polaków – mężczyzn, kobiet i dzieci.

Auschwitz, Main Gate

Arbeit Macht Frei. This photograph shows the cynical slogan, 'Work Sets You Free' illustrating the lies with which the Nazis masked The Final Solution. This is the main entrance to Auschwitz, set up by the Germans in occupied Poland and operated from June 1940 until its liberation by the Soviet forces in January 1945. Auschwitz now symbolises evil.

Auschwitz, brama obozu

Arbeit Macht Frei. Cyniczne hasło umieszczone na bramie obozu Auschwitz ilustrujące kłamstwa, jakimi naziści posługiwali się zasłaniając prawdę o Ostatecznym Rozwiązaniu. Zdjęcie przedstawia główne wejście do obozu, utworzonego w Polsce przez Niemców i działającego od czerwca 1940 aż do wyzwolenia więźniów przez armię rosyjską w styczniu 1945 roku. Auschwitz jest największym symbolem Holokaustu.

Auschwitz-Birkenau

Jews, from all over Europe were transported here by freight train. Those who survived the journey were confronted by a selection. Most of deemed not suitable for work, children, the old and sick, the disabled were sent immediately to the gas chambers.

Auschwitz-Birkenau

Żydów z całej Europy przewożono do Auschwitz pociągami towarowymi. Ci z nich, którzy przeżyli podróż poddawani byli selekcji. Uznani za niezdolnych do pracy, dzieci, starcy i chorzy byli natychmiast wysyłani do komór gazowych.

Auschwitz

Taleisim, shawls worn at prayer, taken from Jewish males brought as prisoners to Auschwitz, are now displayed as museum objects. A poignant reminder that it was a predominantly religious people who perished. About 1.1 million people were murdered at Auschwitz.

Auschwitz

Tałesy (szale modlitewne) odebrane Żydom przywiezionym do Auschwitz są prezentowane w muzeum wśród innych pozostałych po więźniach pamiątek i przedmiotów osobistych. Jest to przypomnienie faktu, że często ginęli ludzie religijni. W obozie zamordowano około 1,1 miliona ludzi.

ŻYDOWSKIE SZATY MODLITEWNE
JEWISH PRAYER SHAWLS

Auschwitz-Birkenau

Auschwitz was a huge industrial complex and it is impossible to show this in a single photograph. It was only by going to the lookout post of the former guardhouse that I was able to capture this panorama, thus showing something of the scale of Birkenau.

Auschwitz-Birkenau

Obóz to ogromny kompleks, którego nie można przedstawić na jednym zdjęciu. Tą fotografię, ukazującą panoramę obozu, a jednocześnie próbującą pokazać jego rozmiary udało mi się zrobić tylko dlatego, że wszedłem na wieżę strażniczą.

Auschwitz-Birkenau

These huts housed those people selected for work as opposed to those sent straight to their deaths. When I took this photograph in a temperature of -25°C I wondered how prisoners survived such conditions. Then, of course, I realized that most of them did not.

Auschwitz-Birkenau

W tych barakach mieszkali więźniowie skierowani do pracy. Kiedy robiłem to zdjęcie w zimowy dzień, przy temperaturze -25°C, zastanawiałem się jak więźniom udało się przetrwać w takich warunkach. Wtedy zdałem sobie sprawę, że większości się nie udało.

Auschwitz-Birkenau

Inside a wooden barrack at Birkenau. Hundreds of people were housed in huts like this. No contemporary photograph of the remaining emptiness can capture the overcrowded, squalid and brutal life endured by the prisoners.

Auschwitz-Birkenau

Wnętrze drewnianego baraku w obozie Birkenau. W barakach takich jak ten mieszkały setki ludzi. Żadne współcześnie wykonane zdjęcie nie pokaże stłoczenia, nędzy i brutalności, jakich doświadczali więźniowie.

Auschwitz

This is one of the first gas chambers at Auschwitz. After building the gas chambers at Birkenau, the Nazis' turned this one into an air-raid shelter for the Germans working in the camp.

Auschwitz

Jedna z pierwszych komór gazowych w obozie Auschwitz. Po wybudowaniu komór gazowych w obozie Birkenau naziści zmienili przeznaczenie tego pomieszczenia na schron przeciwlotniczy dla Niemców pracujących w obozie.

Auschwitz

This map of the Death March is displayed outside the main entrance to the museum at Auschwitz. On January 18th 1945, 26,000 male and female prisoners were evacuated under heavy guard from the camp as the Russian army was approaching. Those who could not keep up the pace of the march were shot.

Auschwitz

Mapa Marszu Śmierci znajdująca się przed głównym wejściem do muzeum w Auschwitz. 18 stycznia 1945 roku 26 tysięcy więźniów, mężczyzn i kobiet, zostało pod strażą ewakuowanych z obozu przed nadejściem rosyjskiej armii. Ci, którzy nie zdołali utrzymać tempa marszu, byli rozstrzeliwani.

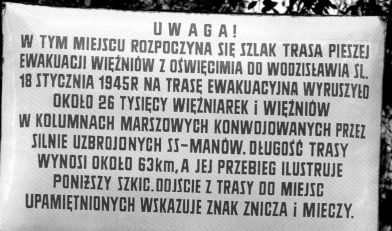

UWAGA!
W TYM MIEJSCU ROZPOCZYNA SIĘ SZLAK TRASA PIESZEJ
EWAKUACJI WIĘŹNIÓW Z OŚWIĘCIMIA DO WODZISŁAWIA ŚL.
18 STYCZNIA 1945R NA TRASĘ EWAKUACYJNA WYRUSZYŁO
OKOŁO 26 TYSIĘCY WIĘŹNIAREK i WIĘŹNIÓW
W KOLUMNACH MARSZOWYCH KONWOJOWANYCH PRZEZ
SILNIE UZBROJONYCH SS-MANÓW. DŁUGOŚĆ TRASY
WYNOSI OKOŁO 63km, A JEJ PRZEBIEG ILUSTRUJE
PONIŻSZY SZKIC. DOJŚCIE Z TRASY DO MIEJSC
UPAMIĘTNIONYCH WSKAZUJE ZNAK ZNICZA i MIECZY.

TRASA EWAKUACJI

KATOWICE
OŚWIĘCIM
KL AUSCHWITZ
KL BIRKENAU
BRZESZCZE
JAWISZOWICE
MIEDŹNA
SUSZEC
ŻORY
PSZCZYNA
RYBNIK
RÓJ
BRZEŹCE
ŚWIERKLANY
MARKLOWICE
STUDZIONKA
BZIE
JASTRZĘBIE
PAWŁOWICE
WODZISŁAW ŚL.
WILCHWY
MSZANA
ZEBRZYDOWICE

OBJAŚNIENIA

- TRASA
+ MOGIŁY
DROGI
o MIASTA
▼ OBOZY KONC.

How the Past is Being Remembered
Pamięć o przeszłości
Jonathan Webber

This section of the exhibition moves on from the theme of the memorialization of the Holocaust to consider other processes that have affected the memory of Jewish civilization in postwar Galicia.

A colossal amount of Jewish heritage has been irretrievably lost, even since the end of the war, and there is evidence everywhere of organic decay and cultural abandonment. On the other hand, there is evidence also of cultural continuity. Synagogues and cemeteries are still in use, the latter sometimes also being utilized by survivors to preserve the memory of family members who died in the Holocaust and have no known grave. There is also much evidence of regeneration and restoration in an effort to recapture the past that was lost and take pride in it. Synagogues are being restored, a few for Jewish worship though mainly to house museums and libraries. Abandoned cemeteries are being reconsecrated by foreign Jews, and their walls and gates reconstructed; they are being cleaned, also by Polish youth groups nostalgic for the multicultural past of their country; and mausoleums are being constructed to protect the tombs of saintly rabbis that continue to serve as sites of pilgrimage. Museums are displaying whatever they have of Jewish interest; schools mount art exhibi-

Czwarta część wystawy koncentruje się na powojennych procesach, które wpłynęły na pamięć o żydowskiej kulturze Galicji.

Ogromna cześć żydowskiego dziedzictwa Galicji została nieodwracalnie utracona, również na skutek powojennego zaniedbania, a wszędzie znaleźć można ślady rozkładu i kulturowego zapomnienia. Z drugiej strony istnieją również dowody ciągłości kulturowej – są wciąż działające synagogi i cmentarze. Wysiłek odzyskania utraconej przeszłości i poczucie dumy z jej powodu, są dowodami ożywienia i odrodzenia. W procesie rewitalizacji żydowskiego dziedzictwa uczestniczą Polacy, również młodzi, z nostalgią patrzący na wielokulturową przeszłość swojego kraju. Odnawiane są dawne synagogi, niektóre z nich jako domy modlitwy, choć w większości przypadków z przeznaczeniem na muzea czy biblioteki. Opuszczone cmentarze są restaurowane i ponownie święcone przez przyjeżdżających z zagranicy rabinów. Budowane są mauzolea dla ochrony grobów wielkich rabinów, które nadal są celem pielgrzymek. Wiele z osób podejmujących wysiłek odbudowy ma wrażenie łączenia się z istotną częścią swojej przeszłości lub wręcz udziału w procesie uzdrawiania i pojednania jako sposobie na poradzenie sobie z konsekwencjami wielkiej wojennej katastrofy.

tions on Jewish themes. This work of reconstruction is slow and difficult. Many of those who devote themselves to it feel that they are reconnecting with a vital part of their past, or perhaps even that they are contributing to a process of healing and reconciliation as a way of coping with the consequences of the great catastrophe.

The purpose of this section is to illustrate the wide variety of different processes that have developed in the post–war period, though how they all coexist in reality raises a number of problems. Sometimes it seems that the past is not being remembered at all, such as when an abandoned synagogue has been turned into a furniture superstore; local residents may still know what the building was, but is this enough? There is no clear model here, nor is it easy to suggest just what should be done globally with the vast debris that has been left behind after the genocide. What is to be done with all the smashed tombstones? One creative new solution, found in a number of places in Galicia, has been to build a lamentation wall that literally pieces together these fragments, so that the fragments themselves seem to lament the shattered world they now represent. Such projects may be understood in more than one sense: a Holocaust memorial garden made up of the last surviving tombstones of the local Jewish cemetery may serve both to

Celem tej części jest zilustrowanie wielu procesów, które miały miejsce w powojennej polskiej rzeczywistości. Czasem wydaje się, że o żydowskiej przeszłości Galicji nikt już nie pamięta, jak wtedy, gdy opuszczona synagoga zostaje zamieniona w ogromny sklep meblowy. Nie wystarczy, by o przeszłości tego miejsca pamiętała jedynie garstka okolicznych mieszkańców.

Proste rozwiązania nie istnieją i trudno znaleźć uniwersalny sposób zagospodarowania ruin zniszczonej cywilizacji. Jednym z pomysłów jest budowanie ścian płaczu, łączących fragmenty rozbitych płyt nagrobnych tak, iż wydają się one opłakiwać zburzony świat, którego są symbolem. Podobne projekty można interpretować na różne sposoby i tak na przykład ogród upamiętniający Holokaust, w którym umieszczono ostatnie kamienie nagrobne z miejscowego cmentarza żydowskiego może służyć zarówno uczczeniu pamięci ofiar Holokaustu, jak i być hołdem złożonym przedwojennej historii tego miejsca.

Istniejące przejawy antysemityzmu sprawiają, że obraz staje się bardziej skomplikowany. Pozostaje pytanie, jakie znaczenie dla Polaków, Żydów i społeczeństw Europy może mieć to, co jest wciąż pamiętane, a co zostało zapomniane z bogatego dorobku kultury zniszczonej przez Holokaust.

commemorate the Holocaust and also as a tribute to the prewar Jewish past of the place.

On the other hand, signs of antisemitic feeling are also present and complicate the picture. What are the implications—for Poles, for Jews, and for European society as a whole—of what it is that is remembered about a great culture destroyed in the Holocaust and what is being forgotten?

Kraków, Podgórze

Schindler's former factory was made famous by Spielberg's influential film.

Kraków, Podgórze

Dawna fabryka Oskara Schindlera, rozsławiona przez film Stevena Spielberga.

Stary Dzików

The Jewish cemetery once lay within the trees. Now, with no stones remaining, the local farmers, who still remember the people who were buried here, plough round it.

Stary Dzików

Kiedyś pośród tych drzew znajdował się żydowski cmentarz. Dzisiaj, mimo że nie ma tu już żadnych nagrobków, okoliczni mieszkańcy nie ingerują w spokój tego miejsca.

Kraków, Kazimierz, Lamentation Wall Rema Synagogue

This wall is made from the fragments of broken tombstones that were destroyed during the Second World War. I see the building of this lamentation wall as the drawing together of both the fractured Jewish culture and people's own fractured lives, a symbol of destruction but also an attempt at renewal. Thus, this one photograph sums up the spirit of the exhibition.

Kraków, Kazimierz, Ściana Płaczu przy synagodze Remu

Ściana płaczu zbudowana z fragmentów płyt nagrobnych zniszczonych podczas drugiej wojny światowej. Jej wzniesienie jest dla mnie metaforycznym połączeniem zarówno rozbitej kultury żydowskiej, jak i fragmentów losów ludzkich. Ściana jest symbolem zniszczenia, ale również próby odbudowy. W tym znaczeniu ta fotografia stanowi kwintesencję ducha wystawy.

Kraków, Kazimierz

The courtyard of the Popper Synagogue is now used as an extension to a 'Jewish-style' café.

Kraków, Kazimierz

Dziedziniec synagogi Poppera wykorzystywany obecnie jako ogródek stylizowanej na żydowską kawiarni.

Niebylec

This former synagogue is now a public library with the preserved pre-war artwork serving as conscious reminder of its Jewish past.

Niebylec

Dawna synagoga, w której obecnie mieści się biblioteka publiczna. Zachował się tu przedwojenny wystrój, przypominający o żydowskiej przeszłości tego miejsca.

Kraków, Podgórze

In the mid 90's this is what the nineteenth-century Zucher synagogue inside the area of the wartime ghetto looked like. Today it is an up-market art gallery and few people would be aware of its Jewish past. The synagogue was destroyed during the Shoah and deprived of its Jewish identity through modern development.

Kraków, Podgórze

Tak w połowie lat 90-tych wyglądała, położona na terenie utworzonego w czasie wojny getta, dziewiętnastowieczna synagoga Zukera. Dzisiaj mieści się tu elegancka galeria i niewiele osób zdaje sobie sprawę z żydowskiej przeszłości tego miejsca. Synagoga została zniszczona w czasie Holocaustu, a przez nowoczesne zagospodarowanie pozbawiona swojego pierwotnego charakteru.

Zator

In sharp contrast to the internationally funded memorials like Bełżec, there are modest signs to be found in small towns and villages, like this one at Zator. It marks the Jewish cemetery, and says "Please pay respect to this place". This simple notice underlines the dignity of this place.

Zator

W miasteczkach i wioskach Galicji znaleźć można wiele skromnych znaków wskazujących miejsca ludobójstwa. Ten w Zatorze jest równie wymowny, co monumentalne pomniki z Auschwitz i Bełżca.

Tarnów

These gates mark the entrance to where the synagogue once stood.

Tarnów

Brama do parku w centrum Tarnowa. Kiedyś stała tutaj wspaniała synagoga.

Bełżec

Along with the smaller private memorials there are important large-scale million-dollar monuments being erected to commemorate those murdered during the Holocaust. This is the outer wall of the huge sculptural monument at Bełżec dedicated in 2004.

Bełżec

Oprócz mniejszych, powstających z prywatnej inicjatywy pomników, wznoszone są też zakrojone na szeroką skalę i monumentalne pomniki upamiętniające ofiary Holocaustu. Na zdjęciu widać zewnętrzną ścianę ogromnego pomnika-rzeźby w Bełżcu, odsłoniętego w 2004 roku.

MIEJSCE MĘCZEŃSKIEJ ŚMIERCI
OKOŁO 500 000 OFIAR
OBOZU ZAGŁADY ŻYDÓW W BEŁŻCU
ZAMORDOWANYCH W OKRESIE
OD LUTEGO DO GRUDNIA 1942 ROKU
PRZEZ HITLEROWSKIE NIEMCY

ZIEMIO, NIE KRYJ MOJEJ KRWI,
IŻBY MÓJ KRZYK NIE USTAWAŁ!
KSIĘGA HIOBA 16,18

THIS IS THE SITE OF THE SLAUGHTER
OF ABOUT 500 000 VICTIMS
OF THE BELZEC DEATH CAMP
FOR THE MURDER OF JEWS
WHO WERE KILLED BETWEEN
FEBRUARY AND DECEMBER 1942
BY NAZI GERMANY

EARTH DO NOT COVER MY BLOOD;
LET THERE BE NO RESTING
PLACE FOR MY OUTCRY!
JOB 16:18

Tuchów

The menorah on this tombstone within the Catholic cemetery, is a tribute to Maria Dzik who, at the risk of her own life and that of her own daughter, saved and looked after a Jewish girl, Basia, during the war. At the time of writing (the figures are being revised up) there are 5,874 Poles listed as Righteous Among the Nations at Yad Vashem, the Holocaust Museum in Jerusalem.

Tuchów

Ta menora na nagrobku na cmentarzu katolickim to hołd złożony Marii Dzik, która ryzykując własne życie i życie córki, uratowała i opiekowała się w czasie wojny żydowską dziewczynką o imieniu Basia. W momencie, gdy pisane są te słowa na liście Sprawiedliwych Wśród Narodów Świata w Instytucie Yad Vashem znajdują się nazwiska 5.874 Polaków.

People Making Memory Today

Ludzie tworzący pamięć

Jonathan Webber

In strong contrast to the people-less photos of the rest of the exhibition, this final section consists of a few photographs of those people who are involved, in different ways, with making memory. As a dramatic and up-beat end to the exhibition, it offers hope for the future. To remember the past is to shape the future and give it some sense of direction.

Making memory takes many forms. There is the March of the Living and other ceremonies on important anniversaries that attract large numbers of visitors to the Auschwitz museum; the Kraków Festival of Jewish Culture; and visits by heads of state and other VIPs to the places of memory. New commemorative plaques are being dedicated, there is Jewish studies at the university and a Jewish cultural centre in Kraków, and there are bookshops and publishing houses promoting books of Jewish interest, as well as 'Jewish-style' tourist facilities.

Another aspect, which has not been forgotten, are the activities of ongoing Jewish life. Put in contrast with the great traditions of pre–war Galicia, these activities are very modest; but then it needs to be said that Jewish life in almost every country that endured the German occupation is deeply scarred and traumatised,

Inaczej niż wcześniejsze części wystawy, ta ukazuje ludzi w różny sposób zaangażowanych w tworzenie pamięci. Wierzymy, że to zakończenie przynosi nadzieję, a pamięć o przeszłości pozwala kształtować przyszłość i nadawać jej właściwy kierunek.

Upamiętnianie może mieć wiele form: organizowane są Marsze Żywych i inne rocznicowe uroczystości gromadzące wielu ludzi w Muzeum w Oświęcimiu. Miejsca pamięci odwiedzane są przez głowy państw. Każdego roku odbywa się wspaniały Festiwal Kultury Żydowskiej. Fundowane są nowe płyty honorujące ludzi i wydarzenia związane z żydowską historią. W Krakowie powstało prężne Centrum Kultury Żydowskiej, a tamtejszy uniwersytet otworzył samodzielną Katedrę Judaistyki. Popularne są inspirowane żydowską tradycją kawiarnie, restauracje i galerie.

Nie można również zapomnieć o obecnym życiu społeczności żydowskich. W przeciwieństwie do wspaniałych tradycji przedwojennej Galicji, jest ono jedynie cieniem dawnej świetności. W krajach, które znajdowały się pod okupacją niemiecką wiąże się to z głęboko traumatycznymi wojennymi przeżyciami. Mimo wszystko, żydowskie życie w Polsce i innych miejscach Europy Środkowo-wschodniej toczy się nadal. Podtrzymując bogatą tradycję znajduje również nowe źródła inspiracji.

and in that sense cannot be anything other than a pale shadow of its former self. But Jewish life does continue, here in southern Poland as elsewhere in central and eastern Europe; and it is right and proper to acknowledge that it has found new sources of inspiration, as well as being in continuity with the past. In that sense we conclude on a note of hope and confidence in the future.

Auschwitz-Birkenau, March of the Living

A young Israeli grieves among the ruins at Birkenau.

Auschwitz-Birkenau, Marsz Żywych

Pogrążona w smutku młoda Izraelka pośród ruin obozu w Birkenau.

Auschwitz-Birkenau

January 27th 2005. Former prisoners at the ceremony commemorate the 60th anniversary of the liberation of the Auschwitz. After years of relative silence, the world's leaders are now seen paying their respects to those murdered in the Holocaust.

Auschwitz-Birkenau

27 stycznia 2005 roku. Byli więźniowie podczas uroczystości upamiętniających 60-tą rocznicę wyzwolenia obozu w Oświęcimiu. Po latach milczenia, przywódcy całego świata oddają hołd pomordowanym w czasie Holokaustu.

Kraków, Płaszów, Holocaust Memorial Day

Members of the Kraków Jewish community are saying Kaddish by the monument commemorating those murdered at Płaszów concentration camp. There are some 160 Jews, mainly older people, registered as members of the community today. If the same ratio of Jews to the population of the city had been kept as before the war, there would now be 200,000 Jews living in Kraków.

Kraków, Płaszów, Dzień Pamięci Ofiar Holokaustu

Członkowie krakowskiej wspólnoty żydowskiej odmawiają kadysz przy pomniku zamordowanych w obozie koncentracyjnym w Płaszowie. Wspólnota to około 160 Żydów, głównie starszych osób. Jeśli utrzymane zostałyby przedwojenne proporcje narodowościowe, dziś w Krakowie żyłoby 200 tysięcy Żydów.

Auschwitz

Looking at an exhibit on children in Auschwitz. About 200,000 Jewish children and young people under the age of 17 were murdered in Auschwitz-Birkenau.

Auschwitz

Spojrzenie na wystawę w Auschwitz. Ponad 200 tysięcy żydowskich dzieci i młodych osób poniżej 17-go roku życia zostało zamordowanych w obozie.

Kraków, Jagiellonian University

The grand aula of Collegium Novum of the Jagiellonian University during a conference on the Holocaust. The Jagiellonian University also has a Department of Jewish studies with 200 students.

Kraków, Uniwersytet Jagielloński

Aula Collegium Novum Uniwersytetu Jagiellońskiego podczas konferencji dotyczącej Holokaustu. Krakowski uniwersytet otworzył pierwszą w Polsce samodzielną Katedrę Judaistyki – uczy się tam ponad dwustu studentów.

Auschwitz-Birkenau

The annual March of the Living procession from Auschwitz to Birkenau. Here a group are praying as they walk along the railway track leading into Birkenau. May 2005.

Auschwitz-Birkenau

Każdego roku odbywa się Marsz Żywych prowadzący z obozu Auschwitz do Birkenau. Zdjęcie przedstawia uczestników marszu modlących się przy torach prowadzących do obozu w Brzezince w maju 2005 roku.

Kraków, Kazimierz, Szeroka Street

Closing concert of the Jewish Cultural Festival. Since 1988 there has been a remarkable international Jewish culture festival each summer in Kraków. What sort of festivals would there have been here without the Holocaust?

Kraków, Kazimierz, ulica Szeroka

Koncert finałowy Festiwalu Kultury Żydowskiej. Ten wspaniały, międzynarodowy festiwal odbywa się w Krakowie każdego lata od 1988 roku.

Kraków, Kazimierz

Anti-Nazi graffiti on the wall of the Jewish cemetery in Miodowa Street.

Kraków, Kazimierz

Antynazistowskie graffiti na murze cmentarza żydowskiego przy ulicy Miodowej.

Leaving Dobra…

Today there is no sign there was ever a Jewish community in Dobra. This picture is a tribute to the Jews of Dobra and all the other places where there was nothing to photograph, where nothing of the Jewish past remains in the Polish landscape.

Dobra…

Nie pozostał już żaden ślad po żyjącej tu niegdyś żydowskiej społeczności. Zdjęcie jest hołdem dla Żydów z Dobrej i wszystkich innych miejsc, w których nie pozostało już nic po dawnych mieszkańcach.

The photographs in this exhibition were taken by Chris Schwarz, who is also the Founder and Director of the Galicia Jewish Museum.

Captions to the photographs and the text panels were written by Prof. Jonathan Webber, UNESCO Chair in Jewish and Interfaith Studies, University of Birmingham.

The research on which the exhibition and catalogue have been based was done by Chris Schwarz and Jonathan Webber, working together as a team over a number of years, town by town, village by village.

The photographs shown in this exhibition are part of a larger work, to be published in book form in 2006 by the Littman Library of Jewish Civilization and Indiana University Press under the title *Traces of Memory: The Ruins of Jewish Civilization in Polish Galicia*.

Autorem fotografii tworzących wystawę *Śladami Pamięci* jest Chris Schwarz, założyciel i dyrektor Muzeum Galicja.

Autorem opisów do zdjęć i pozostałych tekstów zamieszczonych na wystawie jest profesor Jonathan Webber, UNESCO Chair in Jewish and Interfaith Studies, University of Birmingham.

Badania będące podstawą wystawy i katalogu są wynikiem wieloletniej współpracy pomiędzy Chrisem Schwarzem i Jonathanem Webberem.

Fotografie prezentowane na wystawie są częścią szerszego projektu i w 2006 roku ukażą się w książce zatytułowanej *Traces of Memory: The Ruins of Jewish Civilization in Polish Galicia*, która zostanie opublikowana przez wydawnictwa Littman Library of Jewish Civilization i Indiana University Press.

Galicia Jewish Museum
Muzeum Galicja

The Galicia Museum opened in summer 2004.
In conjunction with our main exhibition, *Traces of Memory*, the Museum has a strong events programme and strong cultural and educational programme:

– Lectures, talks and discussions – on Jewish culture and the Holocaust
– Language classes – in Hebrew and Yiddish
– Concerts – all kinds of music, including Yiddish songs and modern music
– Formal international events – meetings and receptions
– International student events – discussions and dialogue between Polish and foreign students
– Book launches
– Film screenings – all kinds of films, including historical documentaries and modern Israeli films
– Jewish dance workshops
– Children's language classes – in English and German
– Jewish holidays – the Museum holds special events to celebrate many of the major Jewish festivals
– Research and publishing

Our existence is only made possible by the generosity of others. We are a not for profit foundation registered as a charity in both the UK and Poland. Your contribution will mean a lot to the Museum. Any size of donation, large or

Muzeum Galicja zostało otwarte latem 2004 roku. Oprócz wystawy *Śladami pamięci* oferuje również bogaty program edukacyjny i kulturalny:
– wykłady i dyskusje dotyczące kultury żydowskiej i Holokaustu
– nauka języków: hebrajskiego i jidysz
– nauka języków dla dzieci: angielskiego i niemieckiego
– koncerty
– międzynarodowe spotkania i konferencje
– międzynarodowe spotkania studentów
– spotkania autorskie
– pokazy filmowe
– warsztaty tańców żydowskich
– obchody świąt żydowskich
– działalność badawcza i wydawnicza

Istniejemy wyłącznie dzięki hojności innych. Jesteśmy fundacją non-profit zarejestrowaną w Wielkiej Brytanii i w Polsce jako organizacja pożytku publicznego.
Państwa wsparcie ma dla Muzeum ogromne znaczenie.
Jesteśmy wdzięczni za wszystkie donacje i prosimy o dalszą pomoc.
Z góry dziękujemy.

small is welcome. Please help us keep the Jewish memory alive. We would like to thank you in advance for your valued support.
Cheques should be sent to
Mr. Ian Montrose,
Goodman Derrick
90 Fetter Lane, London
EC4A 1PT
UK
For further information on how to donate please look at our webs site, or e-mail: chris@galiciajewishmuseum.org

Board of Trustees:
Prof. Jonathan Webber
Mr. Ian Montrose
Ms. Jenny Harris

Founder and Director:
Chris Schwarz

UK Charity: Galicia Jewish Heritage Foundation.
Registration No. 1102095
Polish Charity: Fundacja Galicia Jewish Heritage Institute.
Registration No. 0000199737

Czeki proszę przesyłać na adres:
Ian Montrose
Goodman Derrick
90 Fetter Lane
London EC4A 1PT
UK

Więcej informacji na temat możliwości wspierania muzeum znajdą Państwo odwiedzając naszą stronę internetową lub pisząc na adres: chris@galiciajewishmuseum.org

Rada Powiernicza:
Prof Jonathan Webber
Ian Montrose
Jenny Harris

Założyciel i Dyrektor:
Chris Schwarz

Fundacja Galicia Jewish Heritage Institute jest organizacją pożytku publicznego zarejestrowaną w Polsce pod nr 0000199737 i w Wielkiej Brytanii pod nr 1102095

The Galicia Jewish Museum is enormously grateful to the individuals and charitable foundations who have given their financial support to both the Museum and also the research and photography that made the exhibition possible

– George and Carmel Webber Memorial Trust (London)
– Harold Hyam Wingate Foundation (London)
– Institute for Polish-Jewish Studies (Oxford)
– Landover Ltd (London)
– Lili Tapper Charitable Foundation (London)
– Littman Library of Jewish Civilization (Oxford)
– Yad Hanadiv Foundation (London)

And many ordinary visitors to the museum who very kindly left us donations to help us in our work.

Muzeum Galicja pozostaje głęboko wdzięczne wobec osób i instytucji, które udzielały finansowego wsparcia, zarówno muzeum, jak i projektom badawczym, bez których zorganizowanie wystawy nie byłoby możliwe:

– George and Carmel Webber Memorial Trust (Londyn)
– Harold Hyam Wingate Foundation (Londyn)
– Institute for Polish-Jewish Studies (Oxford)
– Landover Ltd (Londyn)
– Lili Tapper Charitable Foundation (Londyn)
– Littman Library of Jewish Civilizaion (Oxford)
– Yad Hanadiv Foundation (Londyn)

Jesteśmy także wdzięczni wszystkim odwiedzającym muzeum, którzy wsparli naszą działalność.

I am grateful to the innumerable number of people, both in Kraków and in my home country, who have encouraged me in this work and without whom the Museum would not have been possible. Some of them are listed elsewhere in this catalogue, but I should also like to give a special mention here to Bogdan and Alina Frymorgen in London, Malgosia and Wojtek Ornat in Kraków, Maciej Skocz in Kraków, John Minnion in Liverpool, Judy Ironside in Brighton and Connie Webber in Oxford, whose help and advice at every step of the way have been greatly appreciated.

And special thanks to all the Galicia Jewish Museum staff whose tireless energy and efforts keep the Museum an invigorating place to work and visit.

Chris Schwarz

Chciałbym wyrazić swoją wdzięczność wielu osobom, zarówno w Krakowie, jak i w moim kraju ojczystym, które wspierały mnie w pracy i bez których pomocy otwarcie tego muzeum nie byłoby możliwe. Nazwiska niektórych z nich zostały wymienione w innych miejscach tego katalogu. W sposób szczególny chciałbym podziękować Alinie i Bogdanowi Frymorgen z Londynu, Małgosi i Wojtkowi Ornat oraz Maciejowi Skoczowi z Krakowa, Johnowi Minnionowi z Liverpoolu, Judy Ironside z Brighton, a także Connie Webber z Oxfordu, za ich nieustanną pomoc i cenne rady.

Składam również podziękowania wszystkim pracownikom Muzeum Galicja, których niewyczerpana energia i nieustanny wysiłek sprawiają, że muzeum jest miejscem, w którym chce się pracować i które z przyjemnością jest odwiedzane.

Chris Schwarz